Herbal dishes

がんばらない
ハーブごはん

小早川 愛

主婦の友社

はじめに

　こんにちは！　ハーブの魅力と活用方法を伝えるハーブコンシェルジュの小早川愛です。

　ハーブ農場出身の専門家として活動していると、「もともとハーブが好きだったのですね」と言われますが、じつは昔からハーブへの関心が高かったわけではありません。ハーブとの出合いは偶然でした。専業主婦だった私は、第4子の幼稚園入園をきっかけに東京の日暮里にあるマザーズハローワークを訪問。伝票を書く経理職を斡旋されてパート入社したのが、埼玉にあるハーブ農場・ポタジェガーデンの東京事務所でした。

　入社して1年後には営業も兼務することになりました。営業先はスーパーマーケット・青果店・大田市場を拠点とする青果仲卸店・外食企業・ホームセンター。食や園芸のプロを相手にハーブを売り込む仕事です。子どもたちの寝かしつけが終わったあと、上司から渡されたハーブ図鑑を片手にハーブの勉強を始めました。さらに、１９８７年の創業以来、ハーブ職人たちが代々大切に伝えてきたハーブ料理のレシピを参考に、ハーブを家族のごはんにもとり入れるようになりました。鶏のから揚げ、ハンバーグ、さばの塩焼きなどの日常の献立にハーブを加えると、料理の風味はよくなり、格段においしくなりました。

　ありとあらゆるハーブをわしわし食べ始めて半年ほど経ったころから、不調だらけだった体調がみるみる改善していったのには驚きを隠せませんでした。第4子出産後の40代は、冷え性、便秘、片頭痛、ＰＭＳ（月経前症候群）、心の落ち込みや不安感は日常茶飯事で、風邪をこじらせてはせきこんでばかりだったのが、心身の不調がみるみる消えていったのです。ハーブの薬効パワーを実感した私は、ハーブへの敬意が高まるばかり。ハーブの営業という仕事に誇りを感じずにはいられず、「その自信はどこから？」と上司もあっけにとられるほどの、堂々とした営業スタイルが板につきました。

　ところが、営業先のスーパーでは、あっけないほど冷たくあしらわれることばかりでした。商談予約をとっているのに

すっぽかされることはしょっちゅう。とあるスーパーのバイヤーから言われた言葉は絶対に忘れられません。「ハーブは面倒、気どっている、むずかしいから使えん。見切り品でも売れないのが嫌われ者の証拠だ」。それなら逆の提案をしてみよう、という想いが活動の原動力となり、生まれたのが「手間がかからず、簡単で、箸で食べられる、がんばらないハーブごはん」なのです。この本には、「これならおいしいし、（悔しいけど）認める」と食のプロたちをうならせた料理、ハーブが苦手な家族からもおかわりされる料理、農場の熟練ハーブ職人から太鼓判を押された料理を集めました。毎日配信している音声プラットフォーム「Ｖｏｉｃｙ」のリスナーさんからのリクエストも一部採用させていただきました。

あなたが、がんばらないハーブごはんを作って食べて、年齢を重ねても元気で心穏やかに「いい気分」で過ごせますように。

この本で使う

フレッシュハーブ

#01 ローズマリー

Rosemary

アンチエイジング効果が高く、免疫力アップ効果も。葉をこそげ落として使ったり、枝ごと料理に使って香りを出したりします。

#02 スイートバジル

Sweet basil

バジルは約150種類ありますが、なかでも苦みが少なく、使いやすいのがスイートバジル。ピザやパスタのトッピングにも。

#03 スペアミント

Mint

ミントの中でもいちばん流通量が多いスペアミント。肉厚で歯ごたえがあるので、サラダによく合います。爽快感のある風味が特徴。

#04 ルッコラ

Arugula

β-カロテンが豊富でデトックス効果があるハーブ。少しほろ苦く、ごまのような風味。イタリア料理の常連でトマトと相性抜群。

#05 イタリアンパセリ

Italian parsley

栄養素や成分はモスカールドパセリとほぼ同じ。平らな葉が特徴で、生で食べてもあまり苦みやクセがないため、サラダに入れても。

#06 パクチー

Coriander

エスニック料理の常連で、体の中の毒素をからめとって体外に排出してくれる優れもの。根の部分は特に香りが強め。

#09　チャービル

Chervil

風味がマイルドで食べやすいので、ハーブ初心者にもおすすめ。見た目もかわいらしく、サラダやデザートのトッピングにも最適。

#08　オレガノ

Oregano

清涼感と苦みのバランスが絶妙で、フレッシュよりドライのほうが香りが強め。アメリカではがん予防の食品として注目されています。

#07　ディル

Dill

穏やかな気分にしてくれる鎮静ハーブとして古くから重宝されてきたディル。すっきりとした味わいで、茎から葉まで食べられます。

#12　セージ

Sage

灰緑色の葉で野性味あふれる香りが特徴。バターやビネガーにまぜて使ったり、ひき肉料理に入れて香りを出すのに重宝します。

#11　タイム

Thyme

魚介と相性がよく、くさみ消しとして活躍。抗ウイルス作用があり、咳や痰などの症状を落ち着かせる働きがあります。

#10　月桂樹

Laurel

ローレルとも呼ばれ、ドライタイプがおなじみで、煮込み料理によく使われます。強い抗菌作用があり、防腐剤の代わりにもなります。

がんばらないハーブごはん③カ条

1 安い食材をハーブでランクUP

ハーブならではの風味が味に奥行きを出してくれるため、使う食材は割安な大容量パックでも、見切り品でもOK。ハーブ入りの調味液やたれで味つけした肉や魚をシンプルに焼くだけで、レストランの味になります。

2 調味料は〝いつもの〟でOK

自炊99%の生活なので、調味料は基本的に業務用サイズ。特別なものは何も使っていないのですが、これらの調味料にハーブを組み合わせるだけで本格的な味に。ハーブがあればドレッシングもササッと作れます。

ハーブが苦手な人や
子どもでも食べられる
調理のコツ

加熱調理する

加熱することで、ハーブのもつえぐみがトーンダウンして食べやすくなります。鼻から抜けるいい香りはきちんと残るので、ハーブらしい香りは存分に楽しむことができます。

子どもが大好きな調味料をプラス

トマトケチャップ、マヨネーズ、ウスターソース、焼き肉のたれ、ポン酢しょうゆなど、子どもが大好きなテッパン調味料にハーブをミックス。脱・マンネリできるうえ、苦手な人でも食べやすくなります。

スタメンメニューにちょい足しする

ハンバーグやギョーザなど、子どもが好きなメニューにハーブをプラス。食べ慣れたメニューなら、とっかかりとしても最適。 食べる人に合わせて分量を調整しながら試せます。

3

極力、手間をかけない

オーブンに入れるだけ、食材をまぜるだけ、フライパンやボウルひとつでできるなど、調理工程が少なくてもおいしく仕上がるのがハーブ料理のいいところ。香りがフワッと広がり、手間をかけずに絶品料理が完成。

contents

PART2

PART3

この本の使い方

- 小さじ1＝5㎖、大さじ1＝15㎖、1カップ＝200㎖です。
- レシピ中のハーブは特に記載のない限りフレッシュハーブを使用しています。
- ハーブは水洗いをしてから、水けをよくきって使ってください。
- ハーブの枝や株、葉の数はスーパーの直方形サイズのパック売りのハーブの分量を参考にしています。
- 野菜類は、特に記載のない場合は「洗う」「皮をむく」などの作業をすませてから使用しています。
- フライパンはフッ素樹脂加工のものを使用しています。
- 電子レンジは600Wの加熱時間です。機種や食材によって異なりますので、調節しながら調理をしてください。

PART1

main dish

ハーブのメインおかず

この本を手にとってくださったかたは
きっとハーブがお好きなかただと思います。
でも、一緒に食卓を囲む人が同じようにハーブ好きとは限りませんよね。
そこで、ハーブが好きなかたにはもっと好きに、
苦手なかたには「これなら食べられる」「おいしい」と
感じていただけるようなレシピをめざしました。
定番料理にハーブをプラスするだけ、ハーブをまぜるだけ、
オーブンやなべでほったらかし、など作り方も簡単＆時短にこだわりました。

定番にプラス | ハーブ農場秘伝の味

ローズマリーから揚げ

「下味にローズマリーをプラスするだけで、いつものから揚げがランクUP。
味つけを塩、こしょうだけとシンプルにすることで、より一層ローズマリーの香りが
引き立つ、至福のから揚げになります」

材料 2人分

ローズマリー … 10g（枝ごと4〜5本）
鶏もも肉 … 1枚（300g）
かたくり粉 … 50g
おろしにんにく、おろししょうが
… 各小さじ1
米油またはサラダ油 … 適量
ローズマリーオイル（p.110）
またはオリーブオイル … 大さじ1
塩 … 小さじ1
こしょう … 適量
あればローズマリー（飾り用）… 1本
レモンのくし形切り … 適量

作り方

1 ローズマリーの葉は枝からすべてこそげ落とし、あらいみじん切りにする。

2 鶏肉は一口大に切り、ところどころ切り込みを入れておく。

3 **2**に**1**をまぶし、ローズマリーオイル、にんにく、しょうが、塩、こしょうをすり込み、30分ほどおいてから、かたくり粉をまぶす。

4 深めのフライパンに米油を深さ2〜3cmまで入れて180度に熱し、**3**を入れて、ほどよく色づくまで揚げる。器に盛り、あればローズマリーをのせ、レモンのくし形切りを添える。

POINT
火が通りやすいよう鶏肉に切り込みを入れ、全体にローズマリーをまぶします。下味をつけるついでにできるから、面倒くささが半減。

定番にプラス | 何度もリピートしている人気のメニュー

タイム入りハンバーグ

「練る前のタイミングでタイムも投入。いつものハンバーグが
グッと洗練された味わいになります。火を通す前のタイムはほろ苦さがありますが、
ハンバーグにまぜれば、香りのいい隠し味に」

材料 2人分

タイム…10g（枝ごと大小10本ほど）
合いびき肉…200g
玉ねぎ…100g
パン粉…30g
牛乳…10mℓ
卵…1個
バター…5g
オリーブオイル…適量
塩、こしょう…各少々

作り方

1 玉ねぎはみじん切りにする。耐熱ボウルにバターとともに入れ、電子レンジで3分加熱し、まぜてからあら熱をとる。

2 ボウルにひき肉、1の玉ねぎ、パン粉、牛乳、卵、塩、こしょうを入れ、タイムの枝から葉をすべてこそげ落として加える。よく練り、だ円形に成形する。

3 フライパンにオリーブオイルを入れて中火で熱し、2を並べ入れる。片面に焼き目がついたら返し、しっかり火が通るまで5分ほど焼く。

POINT
タイムを入れることで肉のくさみ消しをしてくれる効果も。ほかの具材と同じタイミングで投入すれば、まんべんなくまざります。

定番にプラス | 地中海の香りが漂う

さばのローズマリー焼き

「110ページで紹介しているローズマリーオイルをマリネ液として使えば、
下準備が簡単。焼き魚はマンネリ化しがちな料理なので、
趣向を変えて香り高いさばの塩焼きはいかがでしょう」

材料 2人分

ローズマリー … 5g（枝ごと2～3本）
さば（半身）… 2枚
ローズマリーオイル（p.110）… 適量
オリーブオイル … 適量
塩 … 少々
好みでルッコラ、セルバチコなど … 適量

作り方

1 さばに塩を振り、10分おいたあと、キッチンペーパーで水けをふきとる。ローズマリーオイルにローズマリーとさばを入れてつけ込み、一晩おく。時間がない場合は30分でもOK。

2 フライパンにオリーブオイルを入れて中火で熱し、1のローズマリーを枝ごと加え、さばを加えて両面を焼く。器に盛り、ローズマリーを枝ごと飾る。好みでルッコラ、セルバチコなどを添える。

POINT
ローズマリー以外にもにんにくや八角などが入った風味高いローズマリーオイルが活躍。しばらくつけておくだけで、魚に香りが移ります。

定番にプラス | ミントが苦手な人も絶賛

ミントギョーザ

「ミント嫌いさんからも“これはおいしい！”と言ってもらうことの多いこのギョーザ。
たれにもミントを使用するので、食後も口の中がすっきりして胃もたれとは無縁です」

材料 2人分

スペアミントの葉
（ペパーミント、アップルミント、キューバミントでも可）
…10g（大小20～30枚）
ギョーザの皮…20～25枚
豚ひき肉…200g
キャベツ…150g
にら…40g
おろしにんにく、おろししょうが
…各小さじ1
塩、こしょう…各少々
オリーブオイル…適量
水…1/2カップ

［塩ミントレモンたれ］
A **スペアミントの葉**（刻んでおく）…5～6枚
レモン汁…1個分
オリーブオイル…小さじ1
塩、こしょう…各少々

作り方

1 キャベツはせん切りにしてから縦に2～3等分に切る。にら、ミントはみじん切りにする。**A**はまぜ合わせる。

2 ボウルに**1**の野菜とミント、ひき肉、にんにく、しょうが、塩、こしょう、オリーブオイル大さじ1/2を入れ、手でしっかりまぜ合わせる。

3 ギョーザの皮に**2**をのせ、皮の縁に水適量（分量外）をつけ、ひだをつけながら包む。

4 フライパンにオリーブオイル少々を全体に薄く広げ、**3**を並べて強火で熱し、軽く焼き色がつくまで焼く。

5 水を全体に回しかけ、すぐにふたをし、中火で5分間蒸し焼きにする。水分が完全になくなり、焼き色をつけた面がカラッとするまで焼く。**1**の塩ミントレモンたれをかけて食べる。

POINT
にらを刻む流れでミントもみじん切りにします。フードプロセッサーやチョッパーを使えば、より手軽に作ることができます。

定番にプラス | 衣にハーブをまぶして

ハーブの魚フィレ焼き

「最近スーパーで人気の冷凍の骨抜き切り身魚を使うと手軽。
魚特有のにおいがハーブの効果でやわらぐので、
ふだん魚料理を積極的に食べないかたにもおすすめです」

材料 2人分

ローズマリー、タイム、パセリ、スイートバジル、パクチーなど、余っているハーブ
…合わせて10g

骨抜き切り身魚（冷凍のもの・あじ、さば、さわら、鮭など）
…4切れ

米粉…40g

卵…1個

水…大さじ2

塩、こしょう…各少々

米油…適量

作り方

1 タイムは枝から葉をこそげ落とし、ほかのハーブはすべてみじん切りにする。

2 魚は解凍し、キッチンペーパーで水けをふきとり、全体に塩、こしょうをする。

3 ボウルに米粉、卵、水を入れてまぜ、**1**を加えて均等になるまでしっかりまぜる。

4 深さのある小さめのフライパンに米油を深さ1㎝まで入れて中火で熱し、**3**に**2**をくぐらせて衣をつけたら、両面がこんがりするまで揚げ焼きにする。

＼ **揚げ油でもう1品** ／

揚げ焼きの油が残ったら、ハーブを素揚げにしておやつにどうぞ。素揚げにした油で翌日、野菜いためを作るのもおすすめです。

POINT

少なめの油で揚げ焼きにするので、こってりしすぎず、あと片づけもラク。米油を使用すると、カラッと揚がります。

定番にプラス | 食欲増進！ パワーみなぎる

豚こま肉の月桂樹いため

「月桂樹は、肉のくさみをとり、一緒にいためれば香りもよく、食欲増進効果もある
全方向よしの最強ハーブです。
買いやすい豚こま肉と一緒にいためて、手軽に主菜が完成」

材料 2人分

月桂樹（ドライでも可）…２枚
豚こまぎれ肉 …200g
ねぎ…１本
おろししょうが… 大さじ1
酒、みりん… 各大さじ1
塩、こしょう… 各少々
ごま油… 適量

作り方

1 ねぎは4㎝長さに切ってから縦半分に切り、豚肉、月桂樹と一緒に保存袋などに入れ、しょうが、酒、みりんを加えて外側からよくもみ、15分ほどおく。

2 フライパンにごま油を入れて中火で熱し、1を加えていためる。

3 肉に火が通ったら、塩、こしょうで味をととのえる。月桂樹を最後にのせるようにして器に盛る。

POINT

保存袋で下味をつけるので、洗い物が少なくすみます。手でもみながらまぜるのでしっかり味が均一になります。

定番にプラス｜パクチー好きにはたまらない！

かつおのたたきパクチーだれ

「デトックス効果のあるパクチーをモリモリ食べることができるこのメニュー。
刺し身パックを使うので手軽に作れます。
パクチーの根はいちばん香りの強い部分なので、刻んでたれに活用」

材料 2人分

パクチー…50g（根つきで3〜4株）
かつおのたたき…1パック（200gほど）
ねぎ…30g
A しょうがのみじん切り…大さじ2/3
　にんにくのみじん切り…小さじ1
　しょうゆ…大さじ3
　すし酢、ごま油…各大さじ2
　レモン汁…小さじ1

作り方

1 パクチーは葉と根・茎に分け、根はよく洗う。パクチーの根と茎、ねぎはみじん切りにする。

2 ボウルに**1**のパクチーの葉以外と**A**を入れてよくまぜ合わせる。

3 器にパクチーの葉を敷き詰め、かつおのたたきを並べ、**2**をかける。

POINT

器にパクチーの葉を敷き、刺し身パックからかつおを直接盛りつけて、たれをかけたら完成！　手軽すぎるのにパクチー好きの受けは抜群。

まぜるだけ | パセリがたっぷり食べられる

さつまいもとたらのパセリクリームソース

「味のクセが強いと思われがちなパセリですが、火を通すことで、
特有の風味がトーンダウンし、香りがふんわり残ります。
なべに具材と調味料を入れて煮込むだけででき上がり」

材料 2人分

イタリアンパセリ…5g（3〜5本）
またはモスカールドパセリ
…5g（1本）
さつまいも…1本（150g）
たら…2切れ
牛乳…1/4カップ
粉チーズ…大さじ1
バター…10g
水…100mℓ
塩…適量
こしょう…少々

作り方

1 パセリは茎ごとみじん切りにする。さつまいもは皮つきのまま1cm厚さのいちょう切りにし、水に5分さらす。たらは2等分に切り、塩少々を振って5分ほどおき、キッチンペーパーで水けをふきとる。

2 深めのなべにさつまいもと水を入れ、ふたをして中火で熱し、5分ほど蒸し焼きにする。

3 さつまいもに火が通ったら、たらを加えて再びふたをし、3分ほど蒸し焼きにする。

4 たらに火が通ったら、牛乳、粉チーズ、バターを加えて弱火で5分ほど煮込み、塩少々、こしょうで味をととのえる。

5 パセリを加えたら火を止め、ふたをして余熱でパセリに火を通す。

POINT

パセリに火を通しすぎると香りが弱くなるので、余熱で火を通しましょう。パセリを入れることで、料理の見ばえが格段によくなります。

まぜるだけ | おうちでアジアン気分

ミントとレモンのさっぱり豚しゃぶ

「東南アジア料理の代表的な調味料ナンプラーに
爽快感のあるミントを組み合わせてみました。しゃぶしゃぶ用肉を使うと、
味がなじみやすく、短時間でもおいしく仕上がります」

材料 2人分

スペアミントの葉（ペパーミントでも可）
…10g（大小20〜30枚）
豚肉（しゃぶしゃぶ用）…200g
ナンプラー、レモン汁…各大さじ1
オリーブオイル…小さじ1
塩、あらびき黒こしょう…各少々

作り方

1 ミントの葉は、食べやすい大きさにちぎる。

2 ボウルに1の7割量、ナンプラー、レモン汁、オリーブオイルを入れてまぜ合わせる。

3 なべに湯を沸かし、沸騰したら弱火にして豚肉を広げながらさっとゆでてざるに上げ、あら熱をとる。

4 2のボウルに3を加えてあえ、塩で味をととのえる。

5 器に盛り、仕上げに黒こしょうを振り、残りのミントを飾る。

POINT

たれはかけるより、具材とまぜ合わせたほうが全体に味がいきわたっておいしさがアップ。レモン汁とミントでとてもさわやかな味に。

ほったらかし | 厨房歴20年の料理人と発案

鮭のディルとナッツのオーブン焼き

「レシピを監修している社員食堂の料理長とアイデアを出し合ったこのレシピは、
ディルと鮭の油のほのかな甘さにナッツの香ばしさが効いています。
パリッと仕上がり、皮までおいしい！」

材料 2人分

ディル…5g（5～6本）
生鮭…2切れ
ミックスナッツ（食塩無添加）…20g
塩、こしょう…各少々
ローズマリーオイル（p.110）
またはオリーブオイル…大さじ1

作り方

1. ディルはあらいみじん切りにする。鮭はキッチンペーパーで水けをふきとり、塩、こしょうをする。ミックスナッツは包丁か、麺棒であらく砕く。
2. オーブン皿にオーブンシートを敷き、鮭をのせ、ディル、ミックスナッツを全体に散らし、ローズマリーオイルを振りかける。
3. 180度に予熱したオーブンで20分焼く。

POINT

オーブンシートの上に鮭などの食材をのせたら、オーブンに入れればOK！ ほったらかしでおいしく仕上がるから、忙しい日に重宝。

ほったらかし 「ザ・和食」の概念を覆す

タイムぶり大根

「ハーブは煮込むことで香りが具材に移り、おいしく仕上がることからヒントを得て、
試しに作ってみたところ大成功!
味つけはしょうゆだけなのに奥行きのある味に」

材料 2人分

タイム…5g(枝ごと大小5〜7本)
ぶり…2切れ
大根…200g
しょうゆ…大さじ2
水…適量
塩…少々

作り方

1 タイムは枝ごと1本ずつにばらす。葉をこそげ落とす必要はない。

2 ぶりは塩を振り、大根は1cm厚さの半月切りにする。

3 なべに大根を敷き、タイム、ぶり、タイム、ぶりの順に重ね、ぶりがひたひたになるくらいの水を入れて強火で熱する。

4 煮立ったら中火にしてしょうゆを回し入れ、30分ほど煮る。食べるときは、枝をとり除き、落ちた葉は一緒に食べる。

POINT

最小限の調味料でもコク深く仕上がるのは、タイムのおかげ! ぶりのくさみ取りもかねて、なべに入れて煮るだけででき上がるシンプル調理。

ほったらかし｜試作を繰り返してできた自信作

バジルチキン

「鶏ハムにはさむためのハーブを10種類以上試した結果、
バジルを1種類だけはさむのがシンプルにおいしい、という結論にいきつきました。
少し時間はかかりますが、しっとりやわらかで絶品！」

材料 2人分

スイートバジルの葉 … 15g（大小25枚ほど）

鶏むね肉 … 1枚（300g）

砂糖 … 大さじ1

塩、こしょう … 各少々

好みで**ジェノヴェーゼソース**（p.60） … 適量

POINT

バジルをのせた部分をなるべくぎゅっと巻くことで、切るときにバラバラになりません。手前から奥に向かって巻くときれいに仕上がりますよ。

作り方

1 バジルはあらいみじん切りにする。鶏肉は厚みが均一になるように開く。

2 長めにとったラップの上に鶏肉をのせ、砂糖、塩、こしょうを振る。

3 2の真ん中より少し手前くらいに1のバジルをまんべんなくのせる。

4 ラップで手前からぎゅっと巻き、ラップの両端をしっかり結ぶ。

5 耐熱性のポリ袋に入れて空気を抜き、上のほうをしっかり結び、冷蔵室で半日以上ねかせる。

6 なべに多めの湯を沸かし、沸騰したら5を入れる。

7 中火で4〜5分ゆでて火を止め、ふたをしたまま1時間放置する。

8 なべからとり出してあら熱をとり、ポリ袋のまま冷蔵室に3時間おく。

9 ポリ袋から出してラップをはずし、輪切りにして器に盛る。好みでジェノヴェーゼソースをかける。

ほったらかし | パーティーメニューに最適

豚肉の塩釜ハーブ焼き

「ハーブ農場の先輩スタッフから教わったこのレシピ。
ヒレ、バラ、肩ロースなど、お好みのかたまり肉を塩釜で覆い、
オーブンに入れて焼くだけ。見た目の豪華さのわりに簡単ですよ」

材料 作りやすい分量

ローズマリー … 10g（枝ごと5本ほど）
豚肩ロースかたまり肉 … 500g
塩 … 500g
卵白 … 1個分
塩、こしょう … 各少々
ローズマリーオイル（p.110）
　または オリーブオイル … 大さじ1

作り方

1 ローズマリー4本は枝から葉をこそげ落とす（1本はとっておく）。ところどころに切り込みを入れた豚肉全体にローズマリーオイルを薄くぬり込み、塩、こしょうをして、ローズマリーの葉を切り込みにこすりつけておく。

2 ボウルに塩と卵白を入れて手でよくまぜ合わせる。

3 天板にオーブンシートを敷き、2の半量を土台として敷く。その上に1の豚肉をのせ、さらに2の残りで周りを固めながら包み込み、仕上げにローズマリー1本を枝ごと塩釜の上におく。オーブンシートの四隅をそれぞれくるりとひねって巻く。

4 210度に予熱したオーブンで30分ほど焼く。麺棒などで塩釜をたたき割り、豚肉をとり出して食べやすい大きさに切る。（塩釜は、パスタやじゃがいもをゆでるときに再利用すると、ほんのりローズマリーの香りが移ります）

POINT
卵白をまぜて少し湿った塩をかたまり肉にまとわせます。塩釜の厚みが均一になるように注意。

POINT
オーブンから出したあと、麺棒などで塩釜を割ってかたまり肉をとり出します。食卓も大盛り上がり。

おうちでハーブを育ててみよう

大人気ホームセンターの園芸担当者さんに聞いた話なのですが、初心者向けに園芸をおすすめする場合、「ハーブか、多肉植物」だそうです。ほかの植物に比べてハーブは丈夫で、手間も少なく簡単に育てることができるからです。自宅で育てて、いつでも摘みたてのハーブをお料理に使ってみませんか？　種でも苗でもいいのですが、より簡単なのは苗。

毎日、ハーブを見て声をかけてみましょう。虫がついていないか、葉に元気があるか、土が乾いていないか、様子を見ます。虫やカビが心配な場合、市販の防虫スプレー薬を使用します。オーガニックで育てる場合は、希釈したニームオイルを霧吹きでかけましょう。

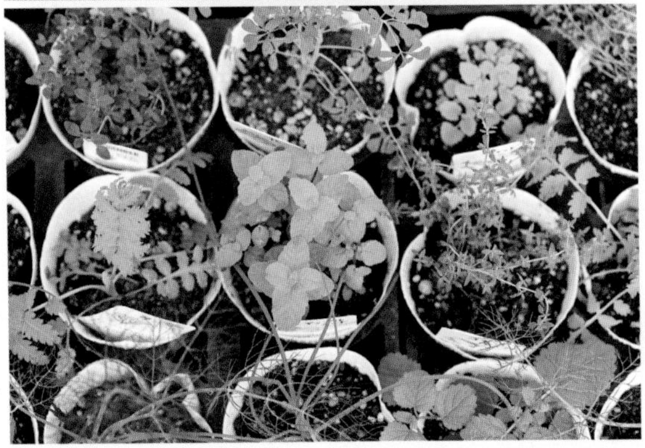

[準備するもの]

ハーブの苗

園芸店やホームセンターで好きなハーブをセレクト。ビニールポットで販売されている苗は、買ってきて1週間以内に少し大きめのプランターに植え替えます。

プランターや鉢

プラスチック、ブリキ、テラコッタなどさまざまな材質のプランターがありますが、私のおすすめは軽くて水はけのよいフェルトプランター。

培養土

100円ショップでも取り扱いがあります。ハーブによいとされる肥料などがあらかじめブレンドされている、「ハーブ専用土」が人気です。

鉢底ネット

プランターの穴をふさぎ、外部からの虫の侵入を防ぎます。フェルトプランターの場合は必要ありません。

[苗を植えてみよう]

❶ プランターに鉢底ネットを敷き、培養土をプランターの高さ半分まで入れて、真ん中に苗を入れられるように掘る。

❷ ビニールポットをはずした苗を掘った箇所におき、さらに苗の土の表面が隠れるまで培養土をかぶせる。

○ 栽培に適している場所

- 午前中から午後にかけて日当たりのよい東側や南側は、光合成が進むのでおすすめです。
- 室外機のある場所は、温風によって枯れやすいので、離れたところにしましょう。
- 葉が蒸れないためにも、風通しのよい場所を選びます。

PART2

side dish

ハーブおそうざい

デパ地下でよく見かけるのが、
ハーブがふんだんに使われたデリやおそうざい。
所せましと並ぶメニューの中でも、
ハーブが使われた料理はなぜかおいしそうに見えますよね。
ハーブはじつは和食にも合わせやすいので、おひたしにしたり、
みそいために入れたりするのもおすすめです。
「ハーブをとり入れることで、いつもの食卓を滋味深く、そしてもっと健康的に！」
そんな思いでメニューを考えてみました。

見た目がチャーミング

チャービルのジンジャーキャロットラペ

「チャービルとにんじんは同じセリ科の野菜なので、相性がばっちり。すし酢を使うと味がキマりやすく、時短にもなります。チャービルは葉の形がかわいくて、飾りにも重宝」

材料 2人分

チャービル … 5g（3〜5本）
にんじん … 小1本（120g）
しょうがのしぼり汁、オリーブオイル
… 各小さじ2
すし酢 … 大さじ1
はちみつまたは砂糖 … 小さじ1
塩、こしょう … 各少々

作り方

1 にんじんはピーラーで縦に細長くむく。チャービルは茎から葉を摘み、茎はみじん切りにする。

2 ボウルに残りの材料と1のチャービルの茎を入れ、よくまぜ合わせる。

3 1のにんじんを加え、よくまぜ合わせて1時間おく。時間がない場合は15分ほどでOK。器に盛り、チャービルの葉をふわりとのせる。

「水に弱いバジル以外は、少しの間冷水にひたしておくと
シャキッとみずみずしい歯ごたえになります。
冷蔵室に余っているハーブは、なんでも入れてOK。
とても贅沢ですが、作り方は超簡単です」

ホームパーティーでも人気

フレッシュハーブとトマトのサラダ

材料 2人分

ルッコラ、スイートバジル、パクチー、ディル、イタリアンパセリ、チャービルなど
…合わせて100gほど
トマト（小）…3個

［ドレッシング］

A ローズマリーオイル（p.110）
または オリーブオイル、
白ワインビネガー…各大さじ1
砂糖…小さじ1
塩、こしょう…各少々

作り方

1 ハーブは一口大に手でちぎり、バジル以外は冷水に10分ほどひたしてからざるに上げ、しっかりと水けをきる。トマトは一口大に切る。

2 ボウルに**A**を入れてまぜ合わせる。

3 1を加え、手でしっかりあえる。

激安もやしが極上副菜に

ルッコラともやしのアラビアータいため

「淡泊なもやしにルッコラの苦みが加わり、味に奥行きが出ます。
もやしはひげ根をカットしてあるものを使うとラクチン」

材料 2人分

ルッコラ … 50g（5～6束）
もやし（根切りしてあるもの）… 1袋（200g）
にんにくの薄切り… 2かけ分
トマト缶… 1/2缶（200g）
赤とうがらしの小口切り… 1本分
オリーブオイル… 小さじ2
塩、こしょう… 各少々

作り方

1 ルッコラは根までよく洗い、根ごと3cm長さに切る。

2 フライパンにオリーブオイルとにんにくを入れて中火で熱し、にんにくが色づいたら、赤とうがらしを加える。

3 香りが立ったらもやしを加えていため合わせ、火が通ったらトマト缶を加える。

4 汁けがなくなったら火を止めて、ルッコラを加えてまぜながら余熱で火を通し、塩、こしょうで味をととのえる。

シンプルがいちばんおいしい

ルッコラのおひたし

「ルッコラ＝洋食のイメージですが、おひたしにするとルッコラならではの苦みがアクセントになって、
高級感のある味に仕上がります。ゆでる時間はたった30秒でOK」

材料 2人分

ルッコラ…100g（10〜12束）
ポン酢しょうゆ…大さじ2
好みで削り節、大根おろし…各適量

作り方

1 ルッコラは根までよく洗い、根ごと熱湯で30秒ゆでて、ざるに上げてあら熱をとる。

2 ルッコラをしぼって水けをきり、食べやすい大きさに切って器に盛る。根は好みで切り落としてもよい。ポン酢しょうゆをかけ、好みで削り節や大根おろしをのせる。

満場一致のマッチング感

イタリアンパセリのコールスロー

「定番のコールスローに合わせるならどのハーブがいいか、ハーブ農場のスタッフと作り比べ、いちばん支持を集めたのがイタリアンパセリ。普通のコールスローが極上の味に早変わりです」

材料 作りやすい分量

イタリアンパセリ … 5g（3〜5本）
キャベツ … 1/6個（200g）
A オリーブオイル … 大さじ1
　白ワインビネガー … 小さじ2
　砂糖 … 小さじ1
マヨネーズ … 大さじ2
塩、こしょう … 各少々

作り方

1 イタリアンパセリは茎も葉もすべてみじん切り、キャベツはせん切りにする。

2 ボウルにAを入れてよくまぜる。1を加えて全体をまぜ、30分ほどおく。時間がない場合は5分ほどでOK。

3 2の水けを手でぎゅっとしぼり、マヨネーズを加えてまぜ、塩、こしょうで味をととのえる。

乾物で簡単にできるアジア味

パクチーと切り干し大根のトムヤムクン風

「栄養価が高く保存がきく切り干し大根は、食卓に登場する頻度が高め。特別な調味料を使わなくても、トムヤムクンの味は簡単に再現できます。ヘルシーなのでダイエット中にもおすすめ」

材料 2人分

パクチー …50g（根つきで3～4株）

切り干し大根…20g

にんにくのみじん切り、しょうがのみじん切り
…各大さじ1

赤とうがらしの小口切り…1本分

レモン汁…大さじ1

しょうゆ、ごま油…各小さじ1

塩…少々

作り方

1 パクチーは葉と根・茎に分け、根はよく洗う。根はみじん切り、葉と茎はざく切りにする。切り干し大根は水（分量外）につけてもどし、水けをしぼって食べやすく切る。もどし汁は1カップをとり分けておく。

2 なべにごま油を入れて中火で熱し、パクチーの根と茎、にんにく、しょうがをいため、香りが立ったら切り干し大根と赤とうがらしを加える。全体に油が回ったら、切り干し大根のもどし汁、レモン汁、しょうゆ、塩を加えて、そのまま中火で10分ほど煮る。

3 汁けがなくなったら火を止め、パクチーの葉を加えてまぜながら余熱で火を通す。

和洋折衷の組み合わせ

れんこんのバジルみそいため

「スイートバジルとみそは相性◎。なすやごぼう、ピーマン、パプリカとも合いますが、
食感のいいれんこんがベストでした。あと一品！のおかずにはもちろん、しっかり味なので弁当に入れても」

材料 2人分

スイートバジル
…10g（3～4本）

れんこん…100g

オリーブオイル…小さじ2

A みそ、みりん…各大さじ1
砂糖…小さじ2
塩…ひとつまみ

作り方

1 バジルの茎はみじん切り、葉はあらいみじん切り、れんこんは3～5㎜厚さの輪切りにする。

2 フライパンにオリーブオイルを入れて中火で熱し、れんこんとバジルの茎をいため、れんこんの色が透き通ってきたらAを加えていため煮にする。

3 火を止め、バジルの葉を加えて余熱で火を通す。

パクチー苦手派にも支持を得た

パクチーとしめじの干しえびソテー

「干しえび＋ナンプラーのうまみで、パクチーが苦手な人でも言わなければ気づかないほど
特有の苦みがやわらぎます。材料を時間差でいためると、ベストな食感を楽しむことができます」

材料 2人分

パクチー … 50g（根つきで3～4株）
しめじ … 1パック
干しえび … 10g
にんにくのみじん切り … 大さじ1
ごま油 … 適量
酒、ナンプラー … 各大さじ1

作り方

1 パクチーは葉と根・茎に分け、根はよく洗う。根はみじん切り、茎と葉は4㎝長さに切る。しめじはほぐす。

2 フライパンにごま油を入れて中火で熱し、パクチーの根、干しえび、にんにくを加えていためる。

3 香りが立ったら、しめじを加え、しんなりしてきたら、酒とナンプラーを回しかけて、ふたをして3分ほど火を通す。パクチーの茎と葉を加えて火を止め、しんなりするまで余熱でいため合わせる。

「チャービルの穏やかな苦みがマヨネーズのこってり感を
やわらげてくれる、新感覚のポテトサラダ。
ハーブ嫌いな子どもも気づかずにパクパク食べてくれますよ」

定番のサラダを新鮮に！

チャービルのポテトサラダ

材料 2人分

チャービル … 5g（3〜5本）
じゃがいも … 3個（450g）
玉ねぎ … 1/4個（40g）
ベーコン（薄切り）… 60g（3〜4枚）
マヨネーズ … 大さじ3
塩、こしょう … 各少々

作り方

1 チャービルは茎から葉を摘み、茎はあらいみじん切りにする。じゃがいもは一口大に切る。玉ねぎは薄切りにして10分ほど水にさらし、ざるに上げて水けをきる。

2 なべに湯を沸かし、じゃがいもを入れてやわらかくなるまでゆでる。火を止めてゆで汁を捨て、マッシャーなどで鍋の中でつぶし、マヨネーズ、塩、こしょうを加えてまぜる。

3 ベーコンは食べやすい大きさに切る。フライパンを中火で熱し、ベーコンを入れてカリッとなるまでいためる。

4 2に1のチャービルの茎と玉ねぎ、3を加えてしっかりまぜる。器に盛り、チャービルの葉を加えて、ふんわりとまぜる。

ごはんが進む最強の常備菜

ハーブふりかけ2種

保存期間
冷蔵室で
2週間ほど

保存期間
冷暗所で
4週間ほど

ドライオレガノふりかけ

「おにぎり用のごはんにまぜるのはもちろん、卵焼きにまぜたり、野菜いための調味料としても使える万能選手。ドライオレガノがなければ、ドライパセリに変更してもOK!」

材料 作りやすい分量

ドライオレガノ…3g
いり白ごま…大さじ1
塩…小さじ2
削り節…5g

作り方

材料をすべてすり鉢に入れてすりつぶしながらよくまぜ、保存容器に入れる。

パクチーソフトふりかけ

「玄米にまぜておにぎりにするのがおすすめのちょっと甘めな味つけ。ここにしらす干しや干しえびを加えれば、より満足感が出ます」

材料 作りやすい分量

パクチー
…50g（根つきで3〜4株）
しょうが…20g
削り節…5g
しょうゆ、酒、みりん
…各大さじ3
砂糖、ごま油
…各大さじ1
いり白ごま…大さじ2

作り方

1 パクチーは葉と根・茎に分け、根はよく洗い、すべてみじん切りにする。しょうがは皮つきのまま、みじん切りにする。

2 フライパンにごま油を入れて中火で熱し、1をいためる。

3 火が通ったら削り節、砂糖、みりん、酒を加えて5分ほど煮て、しょうゆを回し入れる。火を止め、ごまを加えて、まぜ合わせる。あら熱がとれたら、保存容器に入れる。

ドライとフレッシュの使い分け

ドライハーブとは生のハーブを乾燥させたものです。乾燥させる過程で水分が抜けるので、体積はフレッシュハーブの3分の1以下に縮み、ハーブの成分がぎゅっと凝縮。保存期間が約1年と長いので手軽に使えます。スーパーのスパイス売り場や、最近はコンビニや100円ショップでもびん詰めや詰め替え用の袋で販売されています。

塩やほかのスパイスとブレンドされたハーブソルト商品は手軽で人気です。「クレイジーソルト」「マジックソルト」などもハーブソルトの一種です。

料理に使う場合、フレッシュハーブは洗ったり、葉を刻んだりする手間があります。また、フレッシュハーブの品ぞろえが充実していないスーパーでは、モスカールドパセリしかない場合もあります。一方でドライハーブは品ぞろえが豊富ですし、料理に使うハードルも低め。クレイジーソルトをひと振りするだけで〝ハーブ料理〟になる手軽さがあります。

もし、フレッシュハーブにハードルの高さを感じてハーブ料理を敬遠しているなら、ドライハーブから使い始めることをおすすめします。ハーブを使うことに慣れてきたら、スーパーでフレッシュハーブを購入したり、自分自身で栽培を始めたりして、少しずつフレッシュハーブのレシピにトライ！　香りや風味の違いはもちろん、本格的な味の仕上がりが期待できます。

また、私が最も重要視している点として、フレッシュハーブを使っていると「ごはんを作る」ことが〝単なる作業〟から〝楽しいキッチンタイム〟に格上げされ、「いい気分」になれるのです。

この本に載っているレシピは基本的にフレッシュハーブで作ることを推奨していますが、ドライハーブへの置き換えも可能。フレッシュハーブの分量表記をドライハーブに変換する場合は、5分の1〜3分の1の量を目安に使ってみましょう。

[同じ料理に使用するとき…]

フレッシュハーブの
場合は5g

ドライハーブの
場合は小さじ1（1〜1.5g）

	フレッシュ	ドライ
保存期間	約1週間	約1年
購入場所	スーパーの野菜売り場	スーパーのスパイス売り場
金額	1パックあたり200円前後	1びんあたり200円前後
使い方	料理・ハーブティー・飾り・雑貨	料理・ハーブティー・ハーブ濃縮液・ポプリ・雑貨
見た目	青々としていてみずみずしい	茶色っぽくて細かいパウダー状
メリット	・フレッシュな香り・抜群の風味 ・華やかで気分が上がる	・保存期間が長い ・味や風味にハーブらしさが加わる
保存方法	冷蔵室	冷暗所
販売時期	冬の間、品薄になることがある	365日

PART3

pasta,noodles, rice, bread

ハーブで麺・ごはん・パン

一人でおうちランチをするとき、家族でサササッと夕食をすませたいとき、
人をお招きするときなど、さまざまなシーンで重宝する麺・ごはん・パンの
ハーブレシピ。みなさんによく驚かれてしまうのですが、
私のレシピはごはんや麺が見えなくなるほど、
たっぷりのハーブを使うのが特徴です。
お店だと「もっとパクチーのせたいな」「バジルの量が少ない……」などと
思ってしまいがちですが、自分で作れば
好きなだけどっさりハーブを入れられますよ。

苦みと辛みが好バランス

ルッコラと鶏ひき肉のトマトペペロンチーノ

「ルッコラの苦み×赤とうがらしの辛みはとても相性がいいので、
気軽に作ることのできるパスタにしてみました。
ひき肉をプラスしてボリュームを出すと、満足感のある一皿になります」

材料 2人分

ルッコラ…50g（5〜6束）
スパゲッティ…200g
鶏ひき肉…100g
トマト（中）…1/2個（100g）
塩…適量
にんにくのみじん切り…大さじ1
赤とうがらしの小口切り…適量
オリーブオイル…適量
あらびき黒こしょう…少々
月桂樹（ドライでも可）…1枚

作り方

1 ルッコラは根までよく洗い、5cm長さに切る。トマトはサイコロ状に切る。

2 なべにたっぷりの湯を沸かして塩大さじ2を加え、スパゲッティを月桂樹とともに袋の表示時間どおりにゆでる。ゆで汁を1/5カップほどとり分けておく。

3 フライパンにオリーブオイル、にんにく、赤とうがらしを入れて中火で熱し、香りが立ったらひき肉を加えていためる。肉の色が変わったらトマトを加え、ひと煮立ちさせる。

4 スパゲッティとゆで汁を加え、塩少々、黒こしょうで味をととのえる。火を止め、ルッコラを加えて、余熱で火を通しながらまぜる。

POINT

ルッコラのシャキシャキ感を残したいので、あまり火を通しすぎずに余熱で調理して。ルッコラの食感が楽しめる仕上がりに。

ソースはミキサーで一気に

ジェノヴェーゼのファルファッレ

「ミキサーは“出すのが億劫”“使うのが面倒”と思いがちですが、
いざ使うと料理の幅をグンと広げてくれます。ジェノヴェーゼソースは肉や魚にかけたり、
サンドイッチにはさんだりと大活躍」

材料 2人分
（ソースは作りやすい分量）

［ジェノヴェーゼソース］

A **スイートバジル** … 100g（大小30～40本）
パルメザンチーズ … 40g
エキストラバージンオリーブオイル … 70g
ミックスナッツ（食塩無添加）… 25g
にんにく … 2かけ
塩、こしょう … 各少々

ファルファッレ（ペンネでも可）… 200g
月桂樹（ドライでも可）… 1枚
塩 … 適量

作り方

1 なべにたっぷりの湯を沸かして塩を加え、ファルファッレと月桂樹を加えて袋の表示時間どおりにゆで、ざるに上げて水けをきる。ゆで汁を1/5～1/4カップとり分けておく。

2 ミキサーに**A**を入れて30秒ほど攪拌《かくはん》する。ミキサーがない場合は、バジルをあらいみじん切りにしてすり鉢に入れ、残りの**A**を加えてなめらかになるまですりつぶす。

3 **1**のなべにファルファッレを戻し、**2**を大さじ4～5加えてからめながら、ゆで汁を少量ずつ加えて味をととのえる。

POINT
バジルは茎も葉もすべて使います。バジルが足りない場合は、ほうれんそうや小松菜、アボカドなどで補ってもOK。

POINT
ソースを保存するびんは、入れる前に煮沸消毒をしてください。冷蔵室で1週間ほど日もちします。

パクチーを存分に堪能できる

パクチー担担麺

「担担麺の専門店で働く知人に“パクチーがのっている担担麺はとにかく人気”という
話を聞いて、試作を繰り返してでき上がったレシピ。肉みそを常備しておけば、
食べたいときすぐに作ることができます」

材料 2人分

パクチー…50g（根つきで3～4株）
中華蒸し麺…2玉
パクチー肉みそ（右記）…100g
豆苗…100g

作り方

1 中華麺は袋の表示どおりにゆで、ざるに上げて水けをきる。

2 パクチーと豆苗はざく切りにする。

3 器に1の半量を入れ、2の1/4量をのせ、パクチー肉みその半量をのせる。仕上げに2の1/4量を上にのせる。同様にもう1人分を盛る。

POINT
たっぷりのパクチーの上に肉みそをトッピング。パクチーの苦みにこってりとした肉みそがよく合います。

パクチー肉みそ

「ごはんやうどんにのせたり、
中華風サラダにトッピングしたり、
根菜と一緒にいためたり。
アレンジのバリエーションが豊富」

材料 作りやすい分量

パクチー
…50g（根つきで3～4束）
合いびき肉…100g
ねぎ…1本（100g）
おろししょうが、おろしにんにく
…各大さじ1
みそ…大さじ1
（水100mℓでといておく）
しょうゆ…大さじ2
ごま油…大さじ1
塩、こしょう…各少々
好みで赤とうがらしの
小口切り…1本分

作り方

① パクチーは葉と根・茎に分け、根はよく洗う。根、茎、葉とねぎの青い部分はすべてみじん切りにする。

② フライパンにごま油を入れて中火で熱し、パクチーの根、茎とねぎをいためる。

③ 火が通ったらひき肉を加え、しっかりといためる。しょうが、にんにく、水でといたみそ、しょうゆ、好みで赤とうがらしを加え、まぜながら10分ほど煮詰める。

④ 火を止め、パクチーの葉を加えて余熱でいため合わせ、塩、こしょうで味をととのえる。

食べたあとに爽快感が残る

ミント＆チキンフォー

「ベトナムの屋台料理として知られるフォーを、ミントたっぷりで
よりさわやかな味に仕上げました。時間がないランチタイムでも
完成までひとつのなべでできるのでラクチン」

材料 2人分

スペアミントの葉 … 5g（大小10～15枚）
フォー … 150g
鶏もも肉 … 1枚（300g）
もやし … 1袋（200g）

［フォースープ］
A 鶏ガラスープの素 … 小さじ2
　ナンプラー … 大さじ2
　塩、こしょう … 各少々
水 … 3カップ

好みで**パクチーの葉、ディル、チャービル、スイートバジル**、レモン、黒こしょうなど … 各適量

作り方

1 フォーは水（分量外）につけて10～15分ほどおく。もやしは電子レンジで90秒ほど加熱する。

2 なべに水を入れ、鶏肉を加えて火にかける。沸騰したら弱火で15分ほど煮込み、アクをとる。

3 2のなべから鶏肉をとり出し、Aを加えてスープを作る。鶏肉は水けをきり、食べやすい大きさに切る。

4 3のスープを器に入れる。同じなべにたっぷりの水（分量外）と1のフォーを入れて火にかけ、沸騰したら火を止めて、フォーをざるに上げ、水けをきる。

5 スープが入った器に4のフォーを加え、3の鶏肉、1のもやし、スペアミントをのせる。好みでパクチーやディル、レモンなどをトッピングする。

POINT

メインはスペアミントですが、パクチーやディル、チャービル、スイートバジルなど、お好みのハーブを好きなだけのせてください。

お祝いごはんにもぴったり

チャービルの洋風ちらしずし

「ちらしずし、七草がゆ、恵方巻など、“和”の伝統料理にハーブを使う方法を
ハーブ農場で教えてもらいました。調味料はすし酢のみと驚くほど簡単に作れるのに、
見ばえもよい一品です」

材料 作りやすい分量

チャービル…10g（大小6〜10本）
炊きたてのごはん…2合分
すし酢…大さじ2

［トッピング］
サーモン（刺身用・さく）、クリームチーズ、
アボカド…各適量

作り方

1. チャービルはトッピング用に上部の葉の部分を5cmほど残して、ほかはみじん切りにする。
2. 炊きたてのごはんにすし酢をよくまぜ、チャービルのみじん切りを加えてさらによくまぜ、重箱などに詰める。
3. 食べやすく切ったサーモン、クリームチーズ、アボカドをトッピングし、仕上げに残しておいたチャービルの葉を手でちぎって飾る。

POINT

すし酢をまぜたごはんに、みじん切りにしたチャービルを加えてまぜます。まんべんなくいきわたるようにしましょう。

時短で本格味が楽しめる

セージとオレガノのキーマカレー

「ひき肉料理に合うセージをまるごとたっぷり使ったキーマカレーです。
オレガノは枝ごといためて香りをじっくり引き出すのがポイント。
フライパンで作れるからとても手軽です」

材料 2人分

セージ、オレガノ … 各5g（各3〜4本）
（ドライの場合は各小さじ1）
あたたかいごはん … 300g
合いびき肉 … 200g
玉ねぎ … 中1個（150g）
にんじん … 2/3本（100g）
ピーマン … 2個（75g）
カレー粉、トマトケチャップ、
ウスターソース … 各大さじ2
オリーブオイル … 適量
塩、こしょう … 各少々

作り方

1 セージは茎と葉をみじん切りにする。玉ねぎ、にんじん、ピーマンはすべてみじん切りにする。

2 フライパンにオリーブオイルを入れて中火で熱し、枝ごとのオレガノと1のセージの茎と葉、玉ねぎを加え、玉ねぎが透き通るまでいためる。

3 1のにんじん、ピーマンを加え、いため合わせる。

4 野菜に火が通ったら、ひき肉を加えていためる（ドライハーブを使用する場合はこのタイミングで入れる）。

5 すべてに火が通ったら、水1/2カップ（分量外）を加え、ひと煮立ちさせる。カレー粉、トマトケチャップ、ウスターソースを加えてまぜ合わせ、塩、こしょうで味をととのえる。器にあたたかいごはんとともに盛る。

POINT
セージはそのままだと少しえぐみを感じるので、細かく刻みましょう。オレガノは枝ごと入れてOKですが、食べるときにとり除いて。

フライパンひとつでできるアジアンフード

バジルたっぷりガパオライス

「アジアンフードの中でも人気No.1のガパオライス。
バジルの茎まで入れると、現地っぽい本格的な味がおうちで再現できます。
フライパンひとつでできるから、洗い物も少なくてすみますよ」

材料 2人分

スイートバジル…10g（3〜4本）
あたたかいごはん…300g
鶏ひき肉…200g
玉ねぎ…小1個（100g）
ピーマン…2個（75g）
パプリカ（赤）…1/3個（65g）
にんにく…1かけ
卵…2個
A 酒、ナンプラー、ごま油…各大さじ1
　豆板醤…小さじ1
　砂糖…大さじ1/2
　かたくり粉…大さじ1（水100㎖でといておく）
塩、こしょう…各少々
ごま油…適量

作り方

1 バジルは葉を2〜3枚トッピング用にとっておき、残りの葉を手で4〜6等分にちぎる。茎はみじん切りにする。玉ねぎ、ピーマン、パプリカ、にんにくはあらいみじん切りにする。**A**はまぜ合わせる。

2 フライパンにごま油、にんにくを入れて中火で熱し、香りが立ったら玉ねぎ、ピーマン、パプリカを加えていため、野菜に火が通ったら、バジルの茎を加えていためる。全体がなじんだら、ひき肉、塩、こしょうを加えてさらにいためる。

3 全体に火が通ったら**A**を加え、3分ほどいため煮にしたら火を止め、ちぎったバジルを加えて余熱でいため合わせる。

4 フライパンの汚れをキッチンペーパーでふきとり、目玉焼きを2個作る。器にごはんと**3**を盛り、目玉焼きをのせ、仕上げにバジルを飾る。

POINT
野菜に火が通ったら、バジルの茎を投入。時間差でいためることで、食材の味が最大限に発揮されます。

POINT
フライパンの火を止めてからバジルの葉を加えて余熱調理。こうすることで、香りが最大限に生かされます。

イタパセ卵ディップとチーズのサンドイッチ

「イタリアンパセリのほのかな苦みがやさしい味の卵サンドにマッチします。チーズを加えることでより食べやすく！」

材料 2人分

イタパセ卵ディップ（p.80）
…大さじ2
スライスチーズ…1枚
レタス…1枚
食パン（8枚切り）…2枚
バター…適量

作り方

1 食パンは片面にバターをぬる。
2 食パン1枚にレタスとチーズをのせ、イタパセ卵ディップをぬる。もう1枚の食パンではさみ、重しをのせて密着させてから半分に切る。

ディルのクリームチーズディップとサーモンアボカドサンドイッチ

「サーモン×ディルの組み合わせは、デパ地下のおそうざい売り場でも常連。ハーブ農場のスタッフからも絶賛されたサンドイッチです」

材料 2人分

ディルのクリームチーズディップ（p.80）
…大さじ2
ルッコラの葉…4枚
スモークサーモン…4枚
アボカド…1/2個
食パン（8枚切り）…2枚
バター…適量

作り方

1 食パン2枚は片面にバターをぬる。スモークサーモンは食べやすく切り、アボカドは薄切りに、ルッコラはざく切りにする。
2 食パン1枚にルッコラ、スモークサーモン、アボカドの順でのせ、ディルのクリームチーズディップをぬり、もう1枚の食パンではさみ、重しをのせて密着させてから半分に切る。

ジェノヴェーゼソースのベーコン＆トマトサンドイッチ

「BLTならぬBR（ルッコラ）Tにジェノヴェーゼソースをプラスしてハーブ三昧。ハーブ好きにはたまらない至福のサンド」

材料 2人分

ジェノヴェーゼソース（p.60）…大さじ2
ルッコラの葉…4枚
トマト（中）…1/2個
ベーコン…3枚
食パン（8枚切り）…2枚
バター…適量

作り方

1 食パン2枚は片面にバターをぬる。ルッコラはざく切りにし、トマトは輪切りにする。フライパンを中火で熱し、ベーコンを片面2分ずつ焼く。
2 食パン1枚にルッコラ、トマト、ベーコンの順でのせ、ジェノヴェーゼソースをぬり、もう1枚の食パンではさみ、重しをのせて密着させてから半分に切る。

POINT

ディップやソースはパンの端までぬらず、具材の中央部分にとどめておくと、漏れにくくなります。パンにはバターをぬって、しっとりさせて。

ディップやソースを活用！

ハーブサンドイッチ3種

酸味とパクチーがマッチ！

パクチーたっぷりバインミー

「かためのバゲット×レバーペースト、米粉パン×ハニーマスタードなどさまざまな方法を試して、どこでも手に入るホットドッグ用パンで手軽に作れるこのレシピがイチオシに」

材料 2人分

パクチー … 20g（2株ほど）
にんじん … 50g
大根 … 50g
塩 … ふたつまみ
鶏むね肉（皮なし）… 100g
ホットドッグ用パン … 2個
バター … 適量
すし酢 … 大さじ3
あらびき黒こしょう … 少々

作り方

1 パクチーは葉と根・茎に分け（根は使わない）、茎はみじん切りにする。葉は数枚とり分けておく。にんじんと大根はせん切りにする。ボウルにパクチーの茎、にんじん、大根を入れ、塩を加えて軽くまぜ、10分ほどおく。

2 なべに湯を沸かし、鶏肉を入れて5分ほどゆでる。中まで火が通ったら、ざるに上げてあら熱をとり、食べやすい大きさに裂く。

3 1のボウルの中身の水けを手でしぼってボウルに戻し、2とパクチーの葉、すし酢を加えてあえ、黒こしょうを振る。

4 ホットドッグ用パンの内側にバターをぬる。

5 3ととり分けたパクチーの葉をパンの切り込みにはさむ。

POINT
具材をすし酢であえるだけ！どこを食べてもパクチーが味わえるように、まんべんなくあえましょう。

冷え性にもPMSにもハーブが効く

第4子を出産した40歳から、私の体調はどんどん悪くなり、不調のデパートと言われた40代前半の最たる悩みは低体温でした。体温は常に35度台前半。真夏でも手足の先はひんやりしていて、冷え性がどんどん悪化。さらに、風邪をこじらせてばかりで咳や鼻水が止まらず、花粉症の悪化も辛いものでした。おまけに片頭痛や便秘は日常茶飯事。常に絶不調なので、心もやさぐれてしまい、他人の何気ない一言で落ち込んだりもやもやしたり。PMS（月経前症候群）も悪化するばかりで、PMS対策のピルと漢方薬、咳止めの抗生剤、頭痛や花粉症の鎮静剤など薬が手放せず、医療費も高くついたものです。当時は専業主婦でしたから、再び社会に出て働けるのだろうかと将来が心配で、先の見えないストレスや不安に押しつぶされそうにもなっていました。4人の育児で体はくたくたに疲れているのに、悩み事が多くて夜は眠れないこともしょっちゅう。睡眠薬に頼ったことも……。

そんな私を救ったのがハーブでした。農場で働き始めて、ハーブをわしわし食べるようになって約半年後、体調の改善に気づきました。低体温から脱して、基礎体温が36度台に安定し始め、風邪もひかなくなり、夜はよく眠れるようになっていたのでした。おまけに念願のジョギングもできるようになり、東京マラソンを完走した翌日も商談をこなせるくらいの体力がついたのです。

今も継続中のメディカルハーブの勉強で、ハーブが体によい影響を与えるメカニズムを学んでいます。前著『わたしに効くハーブ大全』でも紹介しましたが、セージやタイムでうがいをする、冷え性対策にローズマリーの白湯を毎朝飲む、PMSや精神的な落ち込みがある場合はジャーマンカモミールのハーブティーを飲み、リラックス。花粉症が発症しそうな時期の約1カ月前からは、〝浄血ハーブ〟と呼ばれるドライのネトルを飲んだり食べたりと、小さな不調の改善にハーブをとり入れるようになりました。それ以来、5年以上、風邪もひかず、薬や病院にも頼らない52歳の今が最も心身ともに健やかで元気。新たな挑戦や怖いことにも立ち向かうことができています。1日16時間働いていた20代より、4回の妊娠・出産を繰り返した30代より、子育てや家事で慌ただしかった40代よりも、今の自分がいちばん心地よく、穏やかでいられるのはまさにハーブのおかげです。

PART4

appetizers

ハーブでおつまみ

塩味の効いたおつまみメニューと香り高いハーブは相性が抜群。
スペインバルやイタリアンレストランなど、ワインが似合うお店には、
ハーブ料理が多くあることもうなずけます。
いつものおつまみにハーブをプラスすると、一気にお店の味に早変わり。
来客時にお出しすると「これどうやって作るの？」と聞かれることが多いのも
おつまみメニューです。私自身、ワインなどのお酒が好きなので、
自宅でこのレシピをつまみながら飲むこともよくあります。

ホームパーティーを盛り上げる

ハーブディップ＆モヒート

ⓐ イタパセ卵ディップ

「ハーブ農場長が気に入ってくれているこのディップ。普通の卵ディップに深みが増し、上品な味わいになります」

材料（作りやすい分量）＆作り方

イタリアンパセリ10gはみじん切りにする。ゆで卵3個は白身はみじん切りにしてボウルに入れ、黄身はフォークでつぶしてから加える。イタリアンパセリ、マヨネーズ大さじ3を加えてしっかりあえ、塩、こしょう各少々で味をととのえる。

ⓑ ディルのクリームチーズディップ

「今まで100回以上作ってきましたが、100％の確率で『おいしい！』とほめてもらえるディップです」

材料（作りやすい分量）＆作り方

ディル10gは茎も葉もみじん切りにし、ボウルに室温にもどしたクリームチーズ100g、おろしにんにく小さじ1とともに入れて、まぜ合わせる。

ⓒ タイムのタラモディップ

「タイムのおかげでたらこのくさみを感じず、おいしくいただけます。色もかわいく、パーティーにもってこいです」

材料（作りやすい分量）＆作り方

じゃがいも2個は薄めの輪切りに、**タイム**5gは枝から葉をこそげ落とし、たらこ30gは薄皮を除く。なべにじゃがいもとタイムの葉、枝を入れてゆでる。じゃがいもが透き通ってきたら火を止め、湯とタイムの枝を捨てる。じゃがいもが熱々のうちになべにたらこと牛乳大さじ1、バター5gを加え、じゃがいもをつぶしながらよくまぜ、塩、こしょう各少々で味をととのえる。

ⓓ ハーブバーニャカウダソース

「アンチョビーの塩けにハーブの香りが加わると、味に奥行きが出ます。温野菜や生野菜、バゲットにつけてどうぞ」

材料（作りやすい分量）＆作り方

ローズマリー3gと**タイム**2gは枝から葉をこそげ落とし、ローズマリーの葉はみじん切りにしてタイムの葉とまぜておく。アンチョビー（フィレ）20gは細かく刻む。にんにく50gは皮つきのまま180度のオーブンで5～7分焼き、あら熱がとれたら皮をむき、フォークで細かくつぶす。小なべにローズマリー、タイム、アンチョビー、にんにく、オリーブオイル120㎖を入れて弱火にかけ、煮立ったら生クリーム20㎖を加え、あらびき黒こしょう少々で味をととのえる。

ⓔ 本格派モヒート

「お好きなミントをたっぷり入れて作ってみましょう」

材料（1人分）＆作り方

グラスに砂糖大さじ1、ラム酒50㎖を入れてマドラーでよくまぜる。**ミント**5gを加えてマドラーでよくつぶし、氷5～10個、**ミント**1～2g、炭酸水100㎖の順に加えて、仕上げにライム1/2個をしぼり、**ミント**適量を飾る。

＼なんちゃって／

カンタンモヒート

「手軽にモヒート気分を味わいたいときは、市販のレモンサワーにミントをたっぷり入れて」

材料（1人分）＆作り方

大きめのグラスにレモンの半月切り1枚、**ミント**5g、氷適量の順に入れ、市販のレモンサワー適量を注ぐ。ごくごく飲みたいときは炭酸水を加えると飲みやすくなる。甘めが好きな人は、はちみつを加えてロングカクテルとしてどうぞ。

a
e
b
d
c

ワインに合う映えおつまみ

ハーブピクルス

「ハーブ商品の商談や撮影の小道具など、
さまざまなところで登場しているピクルス。
酢を沸騰させるなどの面倒な工程を一切省いた
ショートカットバージョンでもじゅうぶんおいしい」

材料 作りやすい分量

ローズマリー … 5g（枝ごと2～3本）
ディル … 5g（5～6本）

［ピクルス用野菜 合わせて500g］
きゅうり … 1本（100g）
大根 … 1/7本（100g）
パプリカ（赤・黄）… 各1/2個（各100g）
にんじん … 2/3本（100g）
すし酢 … 300mℓ

作り方

1 ディルは茎も葉もあらいみじん切りにする。野菜はスティック状に切る。

2 ジッパーつき保存袋にローズマリー、ディル、野菜5種、すし酢を入れて保存袋を閉じる。

3 2をよくもんで、1時間ほど冷蔵室においたら食べごろ。

タイムで煮込むハーブのアヒージョ

きのこのアヒージョ

「タイム、ローズマリー、月桂樹、
さまざまなハーブで試してみて、いちばんしっくりきたのが
きのことも相性のよいタイムでした。
砂肝やえびを加えるとさらに食べごたえのある一品に」

材料 2人分

タイム … 5g（枝ごと大小5本）
イタリアンパセリ … 5g（3〜5本）
しめじ … 1パック
マッシュルーム … 1パック
にんにくのみじん切り … 大さじ5
おろしにんにく … 大さじ1½
オリーブオイル … 大さじ5
塩、こしょう … 各少々
好みでバゲット … 適量

作り方

1 しめじはほぐし、マッシュルームは食べやすい大きさに切る。イタリアンパセリは茎も葉もみじん切りにする。

2 フライパンにオリーブオイル大さじ1を入れ、にんにくのみじん切り、タイム、しめじ、マッシュルームを加えて中火でいためる。

3 全体に油がいきわたったら残りのオリーブオイルを加え、5分ほど中火で煮込む。

4 おろしにんにくを加え、塩、こしょうで味をととのえ、イタリアンパセリを加えたらすぐに火を止める。器に盛り、好みでバゲットを添える。

鉄板コンビだからこそなせる味

ディルとサーモンのマリネ

「サーモンといえばディル、といっても過言ではないくらい、この組み合わせはハーブ界の伝統。
紫玉ねぎを加えて彩りもよく、シャキシャキ感を楽しみながらいただきます」

材料 2人分

ディル…5g（5〜6本）
サーモン（刺し身用・さく）…100g
紫玉ねぎ…1/6個
レモン…1/4個
ディルビネガー（p.110）またはすし酢
…大さじ2
塩…少々

作り方

1 紫玉ねぎは薄切りにして水にさらして10分ほどおき、ざるに上げて水けをきる。ディルはあらいみじん切りにする。サーモンは薄く切って塩を振る。

2 ボウルにディル、紫玉ねぎ、水けをふいたサーモンを入れてディルビネガーであえ、レモンをしぼる。

昔から愛されるハーブ料理

バジルたっぷりカプレーゼ

「イタリア料理に欠かせないカプレーゼ。フレッシュなバジルとトマトとチーズがあれば即完成！
火も使わないので、調理もラクです」

材料 2人分

スイートバジルの葉…5g（大6～7枚）
モッツァレラ…50g
トマト…1/2個
オリーブオイル…大さじ1
塩、あらびき黒こしょう…各少々

作り方

1 トマト、モッツァレラは食べやすい厚みの半月形に切る。

2 器にバジル、トマト、モッツァレラの順に盛り、全体に塩、黒こしょうを振り、オリーブオイルをかける。

さわやかな中にほのかな塩け

ミントとフルーツの生ハムサラダ

「ミントと柑橘系は相性がバッチリ。
そこにほどよい塩けが食欲をそそる生ハムを加えたデリサラダです。
簡単にできるのに、三ツ星レストランのような味に仕上がります」

材料 2人分

スペアミントの葉…10g（20～30枚）
グレープフルーツ…1/2個
みかん…1個
生ハム…5～6枚
ローズマリーオイル（p.110）またはオリーブオイル
…大さじ1
白ワインビネガー…大さじ1
塩、こしょう…各適量

作り方

1 ボウルにローズマリーオイルと白ワインビネガー、塩、こしょうをまぜ合わせる。

2 グレープフルーツ、みかんは薄皮をむき、生ハムとともに食べやすい大きさに切り分ける。

3 1に2を加えてよくまぜ、ミントを加えてふんわりまぜてから器に盛る。

ハウスワインがグレードアップ

ミント入り白ワインスプリッツァー

「ビールを飲むかのようにゴクゴク飲めると友人に聞いたワインの炭酸水割り。ワインの甘口、辛口はお好みに合わせて選んでくださいね」

材料（1人分）& 作り方

ワイングラスに**スペアミントの葉**5g（10～15枚）を入れて白ワイン150㎖を注ぎ、炭酸水50㎖を加え、レモンの薄切りをのせる。

たらこは調味料感覚で使用

長いものたらこディルソテー

「長いものシャキシャキ食感は老若男女問わず好まれます。ディルは海の幸と相性がよく、たらこと抜群にマッチ。ほかの調味料では出せない絶妙なたらこの塩味がクセになります」

材料 2人分

ディル … 5g（5〜6本）
長いも … 1/2本（200g）
たらこ … 1腹
オリーブオイル … 適量
バター … 10g
しょうゆ … 小さじ1
塩、こしょう … 各少々

作り方

1 ディルはあらいみじん切り、長いもはスティック状に切る。たらこは薄皮を除く。

2 フライパンにオリーブオイルとバターを入れて中火で熱し、長いもをいためる。火が通ったら、たらこと塩、こしょうを加えて長いもにからませる。

3 しょうゆを回しかけ、火を止めてディルを散らす。

オレガノの独特な風味がアクセント

ねぎとじゃがいものオレガノチーズ焼き

「オレガノはフレッシュよりドライのほうが香りに主張があるハーブ。オーブン焼きにすることで、
カリッと焼き目のついたオレガノが野菜を包み込み、おいしさをアシストします」

材料 2人分

オレガノ … 5g（3〜4本）
（ドライの場合は小さじ1）
ねぎ … 1本
じゃがいも … 中2個
ミニトマト … 7〜8個
ピザ用チーズ … 40g
生クリーム … 100mℓ
バター … 10g
オリーブオイル … 少々
塩、こしょう … 各少々

作り方

1 ミニトマトは半分に切り、ねぎは細切りに、じゃがいもはスティック状に切る。耐熱容器に水200mℓ（分量外）とじゃがいもを入れ、電子レンジで5分ほど加熱してから、水を捨てる。

2 ボウルに1のじゃがいもとねぎ、オリーブオイルを入れてまぜ合わせる。生クリームを加え、塩、こしょうで味をととのえる。

3 耐熱皿にバターをぬり、2を敷き詰め、チーズ、ミニトマト、オレガノをのせて180度に予熱したオーブンで20分ほど焼く。

自宅がおしゃれバルに変身

イタパセ入り スペイン風オムレツ

「じゃがいもと玉ねぎでボリュームが出て満足感のある
オムレツは、イタリアンパセリのほのかな香りがアクセント。
断面が見えるように盛りつけるのがポイントです」

材料 2人分

イタリアンパセリ … 5g（3〜5本）
卵 … 3個
じゃがいも … 4個
玉ねぎ … 1/2個
にんにくのみじん切り … 1かけ分
オリーブオイル … 適量
粉チーズ … 10g
塩、こしょう … 各少々

作り方

1 イタリアンパセリはあらいみじん切りにする。じゃがいもは細切り、玉ねぎはあらいみじん切りにする。

2 ボウルに卵を割りほぐし、イタリアンパセリ、粉チーズ、塩、こしょうを加えてまぜる。

3 フライパンにオリーブオイル少々を入れて中火で熱し、にんにく、玉ねぎ、じゃがいもの順に加えていためたら、フライパンからすべてとり出して2のボウルに加え、よくまぜ合わせる。

4 3のフライパンにオリーブオイル少々を中火で熱し、具材のまざった卵液を流し入れ、周りが固まってきたらフライパンの直径よりひとまわり大きい皿をかぶせ、フライパンごと返して皿に一度とり出す。

5 4で焼いた反対側を下にしてフライパンに形をととのえながら戻し入れ、弱火にして5分ほど焼く。食べやすく切って器に盛る。

ローズマリーがすごい理由

「どのハーブが好き？」と聞かれたら、真っ先にローズマリーと答えるほど一押しのハーブ。ローズマリーは、香りも葉のフォルムも花も可憐で華やか、存在感にあふれ、堂々としています。ハーブを食べ始めたころ、毎朝、ローズマリーのスムージーを飲む習慣がありました。血行促進効果のあるローズマリーのおかげで体温が上がり、免疫力が上がり、風邪をひきづらい体になりました。

さらにローズマリーは「若さをとり戻すハーブ」と呼ばれるほど、抗酸化作用の強いハーブです。ハンガリーの女王様がうんと年下の隣国の王子からプロポーズを受けたのは、毎晩、ローズマリーウォーターで肌のお手入れをしていたから、というエピソードもハーブ業界では有名な話です。

昨年からの新たな挑戦、音声プラットフォーム「Ｖｏｉｃｙ」では毎日ハーブの話をお伝えしています。リスナーさんからは52歳とは思えないほど声にハリがある、とおほめの言葉をいただけるのもローズマリーのおかげでしょう。

また、「記憶力を増強するハーブ」としても知られており、古代ギリシャ・ローマ時代、勉学にいそしむ学生たちはローズマリーをそばに置いていた、との記録もあるほど。実際、私もラテン語表記のハーブの学名を覚える試験勉強中、眠くなったらローズマリーのハーブティーを飲んだり、生のローズマリーの香りをかいだりして、やる気をとり戻しています。

年々「もう年だから」と、自分の可能性をブロックしたり、保守的になったりしがち。新しいことに挑戦したり、半分怖いけどわくわくすることに向かっていったり、いつまでも自分の人生を楽しむためにも、せっせとローズマリーを摂取し続けたいと思います。

PART5
sweets & drink

ハーブスイーツ＆ドリンク

日常にハーブをとり入れたいと思ったとき、
ハーブティーはとても手軽で続けやすいですよね。
そんなハーブティーはもちろん、気負わずお菓子作りに挑戦できる
ホットケーキミックスを味方につけたり、
私のハーブスイーツの提案は面倒な準備がいらない簡単なものばかり。
「よし、作るぞ！」と気合いを入れなくても片手間でできるから、
すき間時間に作れてリピートしやすいのです。
コーヒーや紅茶などいつもの飲み物にハーブをプラスするだけでも、
「いい気分」になれますよ。

抹茶とハーブの出合いが新鮮

タイムと抹茶のパウンドケーキ

「抹茶とハーブのコラボパーティーを開催した際に
10個以上の抹茶＆ハーブ料理のなかでも、
抜群の人気だったこのケーキ。小豆を入れてもおいしいですよ」

材料 9.5×26.5×高さ6㎝のパウンド型1台分

タイム…10g（枝ごと大小10本ほど）
ホットケーキミックス…1袋（180g）
バター…60g
砂糖…40g
卵…1個
牛乳…大さじ2
抹茶パウダー…小さじ2

作り方

1 タイムはトッピング用として数本を残し、枝から葉をこそげ落とす。バターは電子レンジで30秒ほど加熱してとかす。

2 ボウルにバター、砂糖、卵、牛乳を入れてよくまぜ合わせたら、タイムの葉、ホットケーキミックス、抹茶パウダーを加えて、粉っぽさが少し残るくらいまでまぜ合わせる。

3 パウンドケーキ型にオーブンシートを敷き、2を流し込む。トッピング用のタイムをのせ、190度に予熱したオーブンで30〜35分ほど焼く。

POINT
ホットケーキミックスを使うと、抹茶パウダーと生地がまざりやすいです。タイムが全体にいきわたるようにまぜてください。

クセになる塩味でおつまみにも

ローズマリー塩クッキー

「ローズマリーの風味には塩味が合うので、甘じょっぱく仕上げました。
ホットケーキミックスを使うこと、生地を薄くのばすことで時間も短縮でき、
手早くでき上がるクッキーです」

材料 作りやすい分量

ローズマリー … 10g（枝ごと4～5本）
ホットケーキミックス … 1袋（180g）
バター（室温にもどしておく）… 50g
卵黄 … 1個分
砂糖 … 40g
塩 … 小さじ1

作り方

1 ローズマリーは枝から葉をこそげ落とし、葉はみじん切りにする。

2 ボウルにバター、砂糖、卵黄を入れ、白っぽくなるまで泡立て器でよくまぜ合わせる。

3 **2**にホットケーキミックスと塩を加えてへらでまぜ合わせ、ローズマリーの葉を加えてよく練り込む。

4 麺棒で生地を3～5mm厚さにのばし、ラップをかけて冷蔵室で30分ほどねかせる。

5 クッキー型で抜き、180度に予熱したオーブンで12分ほど焼く。

POINT

ホットケーキミックスを使うと焼いたときに少しふくらむので、生地は薄めにのばします。そうすることで、ローズマリーの存在感がアップ。

ハーブティーの意外な使い方

ドライハーブのチョコレート

「ハーブキャンディーを監修している鈴木栄光堂の商品開発チームと
ハーブチョコの雑談をしているときに思いつきました。
コモンマロウやカレンデュラなどの色鮮やかなハーブティーを使うとより華やかに」

材料 お弁当用カップ15個ほど

ハーブティーのティーバッグ
（好みの数種類）…３～４個

板チョコ
（ホワイトチョコレート、ストロベリーチョコレート）
…各１枚（各60g）

作り方

1 ティーバッグを破り、茶葉をとり出す。

2 小さめのボウル２つに板チョコをそれぞれ手で割り入れ、湯煎して完全にとかす。

3 お弁当用カップに2を流し入れ、1を手でつまんでトッピングする。

4 チョコのあら熱をとり、冷蔵室で２時間ほど冷やす。

POINT

ハーブティーのティーバッグから茶葉をとり出し、とかしたチョコにのせるだけ。お弁当用カップを使うと、食べるときにチョコレートがとり出しやすいです。

こってり料理のお口直しにも

スペアミントのソルベ

「ミントの葉を刻んでまぜるだけの簡単なレシピですが、あとを引く爽快感が人気です。
レモンバーム、レモンバーベナなど
レモン系の香り高いハーブで作るのもおすすめです」

材料 作りやすい分量

スペアミントの葉（ペパーミント、アップルミントでも可）
…10g（20～30枚）

白ワイン…100mℓ

砂糖…50g

水…200mℓ

作り方

1 スペアミントはみじん切りにする。

2 小なべに白ワイン、砂糖、水を入れてひと煮立ちさせ、冷ます。

3 1を加えてまぜ、冷凍室に入れる。冷凍室に小なべが入らない場合は、保存容器に移し替えて。

4 1時間ほどたち半分凍りかけたところで、スプーンでまぜる。再び冷凍室に戻し、数時間後、完全に凍ったら、しっかりまぜて、シャリシャリの状態にする。

POINT

冷凍室に入れて1時間ほどたったら一度とり出して、まぜましょう。写真のようにまだ水分がある状態です。食べる直前にも再度まぜると、シャリシャリとした食感になります。

簡単に作れるハーブのひんやりスイーツ

カモミールミルクプリン

「Voicyのリスナーさんからリクエストが多かったハーブのひんやりスイーツ。
手軽に作れる方法を模索してこのプリンにいきつきました。
ティーバッグを使えばとても簡単です」

材料 130㎖のグラス4〜5個分

カモミールのティーバッグ…2個
牛乳…200㎖
水…200㎖
粉ゼラチン…3g
砂糖…50g
生クリーム（室温にもどしておく）…40g
好みで ホイップクリーム、好みのハーブ
…適量

作り方

1 なべに水を強火で沸かし、沸騰したら中火にしてティーバッグを入れ、5分ほど煮出す。

2 1に牛乳を加え、弱火でさらに5分ほど濃く煮出したら砂糖を加えてよくまぜる。

3 なべを火からはずし、ティーバッグをとり除く。ゼラチンを加えてまぜ、生クリームも加えてよくまぜ合わせる。

4 器に3を等分に入れてあら熱をとり、冷蔵室で3時間ほど冷やす。好みでホイップクリームやハーブをトッピングする。

POINT
湯でカモミールティーをしっかりと煮出しましょう。

POINT
カモミールティーの色が濃くなってきたところに牛乳を加えます。

フルーツ×ハーブのコラボ

ハーブスムージー3種

「3年以上ほぼ毎朝飲んできたハーブスムージー。
ハーブと果物の最高の組み合わせを知り尽くしたうえでのおすすめ3品を紹介します。
ここにケールやモロヘイヤなどをまぜることも」

ローズマリー＆グレープフルーツ

「グレープフルーツの酸味とローズマリーの香りがマッチし、見た目もかわいらしいスムージー。ピンクグレープフルーツのほうが甘みがあります」

材料　2人分

ローズマリー…5g（枝ごと2〜3本）
グレープフルーツ…1個

作り方

1 ローズマリーは枝から葉をこそげ落とし、先端のやわらかい枝部分は飾りに使うのでとっておく。グレープフルーツは薄皮をむいて4等分に切る。
2 ブレンダーに1を入れて攪拌する。

パクチー＆りんご

「パクチーのクセがりんごの甘さでマイルドになります。飲みにくさを感じる場合、水をりんごジュースや野菜ジュースにかえると飲みやすさがアップ」

材料　作りやすい分量

パクチー…50g（根つきで3〜4株）
りんご…1/2個
水…1/4カップ

作り方

1 パクチーは葉と根・茎に分け、根はよく洗い、すべてざく切りにする。りんごは皮つきのまま8等分に切る。
2 ブレンダーに1と水を入れて攪拌《かくはん》する。

ミント＆みかん

「みかんの甘酸っぱさの向こう側にミントの爽快感を感じることができます。この3種類の中でいちばん飲みやすいと評判です」

材料　2人分

スペアミントの葉…10g（20〜30枚）
みかん…2個

作り方

ブレンダーにスペアミント、薄皮をむいたみかんを入れて攪拌する。

POINT
皮や種、茎など、細かいことは気にせず、そのまま入れてOK！　フルーツとハーブの栄養をまるごといただきましょう。

Coriander & Apple
Mint & Mandarin
Rosemary & Grapefruit

バターのコクがクセになる

オレガノ珈琲

「枝つきのオレガノをマドラーのようにしてまぜながら飲むのがおすすめです。
インスタントコーヒーを使っても、プレミアムな香りを味わうことができます」

材料 1人分

オレガノ … 1本（ドライの場合は小さじ1/3）
インスタントコーヒー、きび砂糖
… 各ティースプーン1杯
バター … 5g
熱湯 … 150㎖
好みで牛乳 … 30㎖

作り方

マグカップにオレガノ、インスタントコーヒー、きび砂糖、バターを入れて熱湯を注ぎ入れ、まぜる。好みで牛乳を加える。

POINT

材料をマグカップにインして熱湯を加え、まぜるだけの超簡単レシピ。

紅茶に爽快感がプラス

ミント紅茶

「ティーバッグの紅茶に数枚のミントを
合わせるだけで、とてもさわやかですがすがしい紅茶に
早変わり。紅茶がなくなったら、おかわりを足して、
長くミントを楽しんでください」

材料　1人分

アップルミントか**スペアミントの葉**…２～３枚
紅茶のティーバッグ…１個
好みではちみつ…大さじ１

作り方

マグカップにミントを入れ、さらにティーバッグを入れてから熱湯適量を注ぎ入れる。好みではちみつを加えてまぜる。

朝のルーティンに

アーユルヴェーダ式 ローズマリー白湯

「いつも飲んでいる白湯にローズマリーを
少し加えるだけで、うっすら緑色の香りの
いい白湯になります。いつも以上に体が
ぽかぽかして、気分もすっきり」

材料　1人分

ローズマリー…５～６㎝

作り方

1 ローズマリーをマグカップに入れる。

2 換気扇をつけ、やかんで水を沸騰させたら、ふたをあけて弱火にして12分沸かし続ける。1に湯適量をゆっくり注ぐ。
※2はアーユルヴェーダ式の湯の沸かし方です。

余ったハーブの使い道と保存方法

スーパーでハーブを買ったはいいけれど、少量だけ使用して、無駄に余らせてしまう。気づいたら冷蔵室の隅っこで鮮度を失いつつある。そんな悩みをよく聞きますが、ちょっとの工夫で最後の1枚まで使い切ることができます。

フレッシュハーブは萎えたり乾燥したり、時間の経過とともに鮮度を失いますが、ハウツーさえ知っていれば長もちさせることも可能。冷蔵・冷凍保存、乾燥させるドライハーブ、塩漬けするモイストハーブ、これらの方法をご紹介します。

○ いつものドリンクに入れてみる

朝、コーヒーや紅茶を飲む習慣があれば、余ったハーブを1〜2枚入れてみてください。ハーブの香りでいつものルーティン飲料がさわやかになります。また、マイボトルを持ち歩く習慣のあるかたは、麦茶、緑茶、白湯などにミントやローズマリーを入れるのもおすすめ。ボトルにそのまま入れるだけなので手軽です。

○ 普段の一品にプラスする

少し余ったパセリやスイートバジルは刻んでレタスときゅうりのサラダにトッピングする、数本余ったローズマリーやタイムなど枝つきハーブは月桂樹の使い方と同じく、煮込み料理の隠し味に使ってみてください。みそ汁やスープに入れても風味が豊かになり、とてもおいしくいただけます。

○ ハーブ氷は来客時にも

製氷皿にハーブと水を入れて凍らせるだけで簡単にハーブ氷が完成。水や炭酸水、冷たい紅茶などを飲むときにプラスするだけで、ハーブが香るスペシャルドリンクに早変わりします。そうめん、冷製パスタなどの冷たい麺を食べるときに添えるのも◎。見た目もさわやかなので、来客時のおもてなしにも最適です。

○ 空気を抜いて冷凍保存も

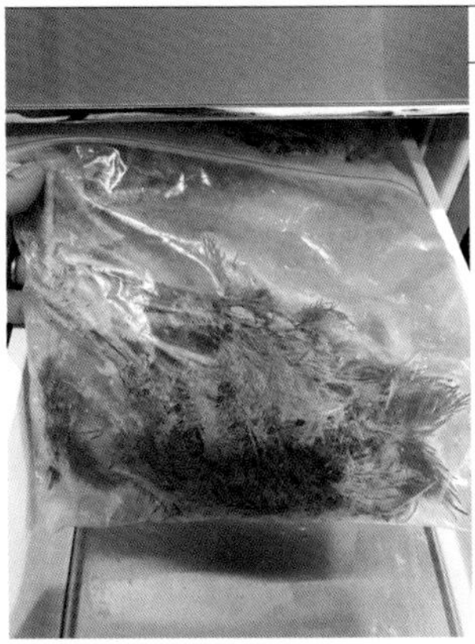

対象のハーブ

・スイートバジル
・ミント
・イタリアンパセリ
・ディル
・チャービル

❶ ハーブについている水を完全にふきとり、乾かす。

❷ ジッパーつき保存袋に入れて、空気を抜いて冷凍室で保存する。

＊風味を損なわないためには1カ月以内に使い切ることをおすすめします。

○ レンチンで簡単にドライハーブ

対象のハーブ

・すべて

❶ 耐熱皿にハーブを並べる。

❷ 電子レンジで1分加熱し、皿の角度を90度変えて、さらに1分加熱する、を合計4回繰り返す。枯れ葉のようにパリパリになれば完成。

＊電子レンジを使用しない場合、新聞紙やキッチンペーパーにフレッシュハーブを並べて約1週間乾燥させてください。保存びんに入れて約1年保存可能です。

○ 冷蔵保存はひと手間プラス

対象のハーブ

・この本で紹介しているすべてのフレッシュハーブ（スイートバジル以外）

❶ ボウルに水を張って、ゆらゆらやさしく洗い、水けをきる。

❷ キッチンペーパーを湿らせて同じ種類ごとに包む。

❸ ②を保存容器に入れてふたをして野菜室で保存する。

＊スイートバジルは冷気に弱いハーブのため、乾いたキッチンペーパーで包んで、さらに、新聞紙で包むと黒ずみを防げます。

○ 塩漬けにするだけのモイストハーブ

対象のハーブ

・スイートバジル
・ミント
・パセリ
・ディル
・チャービル

❶ ハーブの水けをしっかりふきとる。

❷ びんや保存容器の底が埋まるほどの塩を入れる。

❸ ハーブを敷き詰めて、上に塩を詰める。

❹ ハーブ、塩の順に詰めていき、最後に塩を詰めふたをして、冷蔵室で保存する。

＊スイートバジル、ミント、ディルは塩漬けにすると色落ちはあるものの、香りは残り、半年間の長期保存が可能です。使用する際は、塩まみれのハーブを水で洗い、水けをしぼって料理に使います。

Rosemary oil

ローズマリーオイル

材料

ローズマリー…３本
オリーブオイル…200mℓ
赤とうがらし…３個
八角…２個
ホールこしょう（白・黒合わせて）
…約50粒
にんにく…２かけ

〈活用方法〉

- 肉や魚のマリネ液として
- ビネガーやレモン汁、塩、こしょうとまぜてサラダのドレッシングとして
- カレーや洋風煮込み料理、スパゲッティ、ピザの最後の仕上げ
- オーブンで焼いた野菜やフォカッチャなどに添えて

作り方

1 保存びんを用意する。びんよりローズマリーの枝が短くなるようにローズマリーの長さを調整する。

2 煮沸して完全に乾燥したびんにオリーブオイル以外の材料をすべて入れる。最後にオリーブオイルをゆっくりと注ぎ入れる。１週間経過したら使用してOK。常温で約３カ月間保存可能。
※油の表面からローズマリーが飛び出すとカビの原因に。オリーブオイルが減ってきたら、つど、つぎ足すか、あらかじめローズマリーを短く切って入れる。

Dill vinegar

ディルビネガー

材料

ディル…５本
好みのビネガー…200mℓ

作り方

煮沸して完全に乾燥した保存びんにディルを茎ごと入れて好みのビネガーを加える。

〈活用方法〉

- ピクルスなど野菜の浅漬けやサラダのドレッシング
- 麻婆豆腐など中華料理の最後の仕上げ
- 肉や魚のマリネ液として

保存
冷凍室で
約2カ月

Herbal butter

ハーブバター

材料

スイートバジル・イタリアンパセリ
…合わせて15g
バター（加塩）…150g
おろしにんにく…小さじ1/2

〈活用方法〉

- ステーキや魚介料理に添えて
- じゃがいもなどの野菜のつけ合わせのアクセント
- パンにたっぷりぬってトースターで焼いたハーブガーリックパンとして
- チキンのトマト煮など洋風煮込み料理のアクセント

作り方

1 バジルとイタリアンパセリはみじん切りにし、キッチンペーパーで水けをしっかりとる。

2 室温にもどしたバターをボウルに入れてよくまぜて、1とおろしにんにくも加えてよくまぜ合わせる。

3 煮沸して完全に乾燥した保存びんに入れ、固まるまで冷凍室で冷やす。

保存
冷暗所で
約1カ月

Herbal salt

ハーブソルト

材料

タイム、ローズマリー、
スイートバジル、イタリアンパセリなど
余ったハーブ…合わせて10g
塩…100g

〈活用方法〉

- 肉、野菜などのいため物
- オムレツ
- 魚や肉の下味
- ドレッシングやソースの下味
- BBQのときのスパイス

作り方

1 タイムやローズマリーは茎から葉をこそげ落とす。やわらかい葉を持つハーブ（スイートバジル、イタリアンパセリ）は刻む。

2 塩をフライパンでいり、水分を飛ばす。

3 1と2を煮沸して完全に乾燥した保存びんに入れ、よくまぜ合わせる。

小早川 愛（こばやかわ・あい）

ハーブの魅力と活用方法を伝えるハーブコンシェルジュ。（株）HERBiS代表取締役。
上智大学外国語学部イスパニア語学科卒業。ハローワークの斡旋により、埼玉県にあるハーブ農場の（株）ポタジェガーデンにパート職として入社。6年間で1000店舗以上のスーパーマーケット・青果店・大田市場を拠点とする青果仲卸店・外食企業・ホームセンターに食用フレッシュハーブや園芸ハーブ苗を営業、延べ1万人以上にハーブの使い方を伝授。2020年ハーブレシピ本の自費出版をきっかけに会社の枠を超えた活動も広がり、TBS「マツコの知らない世界」出演、産経新聞「ハーブと暮らす」連載、（株）鈴木栄光堂のハーブキャンディー「ハーブ農園から」シリーズ監修、ソルダーレジスト分野で世界シェアトップクラスを誇る化学メーカー太陽HD（株）の社員食堂メニュー監修やハーブ栽培指導も行う。現在もハーブ農場で新規営業・販促催事を担当。日本薬科大学「漢方アロマコース」講師、音声プラットフォーム「Voicy」パーソナリティー。

Voicy「小早川愛のハーブで身も心も整える」：
https://voicy.jp/channel/2849
Instagram：@ai_kobayakawa
公式LINE：https://lin.ee/a3IQBut
メールマガジン：https://my905p.com/p/r/mfdKHTOa
YouTube：「ハーブの愛ちゃんねる」

がんばらないハーブごはん

令和5年3月31日　第1刷発行

著者　小早川《こばやかわ》 愛《あい》
発行者　平野健一
発行所　株式会社主婦の友社
〒141-0021 東京都品川区上大崎3-1-1目黒セントラルスクエア
電話03-5280-7537（編集）　03-5280-7551（販売）
印刷所　大日本印刷株式会社

STAFF

ブックデザイン／高橋朱里（マルサンカク）
撮影／佐山裕子（主婦の友社）
スタイリング／伊藤みき
調理アシスタント／宅島久代、山﨑美佐子
特別協力／（株）ポタジェガーデン
DTP制作／伊大知桂子（主婦の友社）
編集協力／本間 綾
編集担当／金澤友絵（主婦の友社）